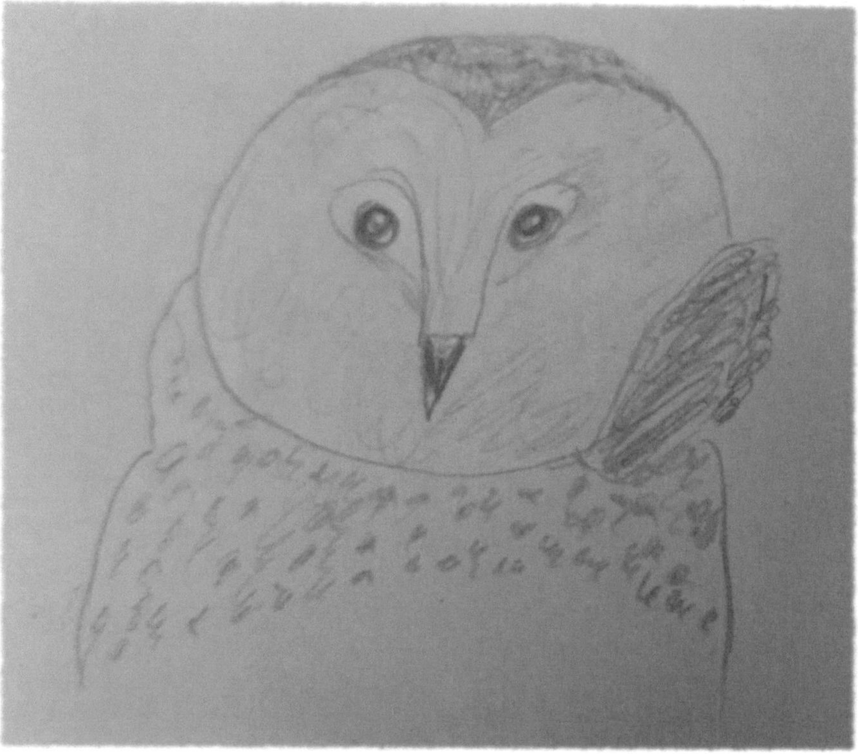

Tiere sprechen ...

Band 1

Iyánéé

Tiere sprechen ...

... Augen auch

Band 1

Iyánéé

Erstauflage 2016

2. Auflage 2020

Ein Dank an alle, die mitgeholfen haben, daß dieses Buch entstehen konnte.

Herstellung und Verlag: BoD - Books on Demand, Norderstedt
ISBN: 9783752639308

Vorwort

Auf dem Planet Erde gibt es eine Artenvielfalt unter den Tieren, die Ihresgleichen sucht. Wir dürfen lernen, sie wertzuschätzen, indem wir Ihnen den Raum lassen, den Sie zu Ihrer größtmöglichen Entfaltung benötigen. Die Indianer sagen "sie sind unsere nächsten Verwandten".

Also sollten wir unsere Beziehung zu Ihnen pflegen so wie wir es mit unseren eigenen Verwandten tun. Sie haben uns vieles mitzuteilen. Wir sind eingeladen ihnen zuzuhören.

Das kann eine großartige Unterstützung für uns Menschen sein. Und ebenso ist es eine großartige Unterstützung für sie.

Mutter Erde hat schon viele Tiere kommen und gehen sehen. Alle haben etwas da gelassen und auch etwas mitgenommen

Matthias W. Kamp
@matthiaswkamp

Genau so wie wir.

Inhaltsverzeichnis

So fing alles an zwischen mir und den Augen der Tierwesen

Tatsächlich begann es mit den Augen der Kobra damals 2008 im August an meinem Geburtstag ...

Mit so einem Bild fing es an...

Ein paar Tage später... auf der Autobahn...

Warum passieren diese Dinge immer wieder auf der Autobahn?

Ein Gesicht tauchte direkt vor meinen Augen auf. Das Gesicht eines Geparden.

Er sprach mit mir:

"Es ist Deine Aufgabe uns in die Augen zu schauen und zuzuhören. Manchmal haben wir eine Botschaft für Dich und manchmal für die Menschen. Du bist ein Botschafter und Deine Aufgabe ist es den Menschen die Botschaft weiterzuleiten, damit hilfst Du ihnen sich wieder zu erinnern."

Danke

Mittelerde

und

Walk4Gaya.com

Ohne Euch hätte ich vielleicht nie diese Tiergesichter und Augen gemalt.

Was so ein Kindheitstrauma aus der Schulzeit so alles blockieren kann...

Und was hab ich es als Kind immer geliebt, nur mit dem Bleistift zu malen.

Schön, dass dieses Gefühl zurück ist.

Tierbotschaften

Botschaft des Büffel

Schau mir in die Augen...

es sind Deine Augen...

Wuchtig und groß ist mein Herz

Massig und standfest ist mein Körper

Einfach und fürsorglich ist mein Geist.

Ich tanze über die Erde in leichtem Schritt,

hab alle Zeit der Welt.

Stürme ich dahin, kann mich kaum etwas aufhalten,

hab keine Zeit mehr in dieser Welt.

Gutmütigkeit zeichnet mich aus.

Kann aber auch anders.

Wie geht es Dir so mit mir?

Wie geht es mir so mit Dir?

Stampede oder Ruhe.

Wofür sollen wir uns entscheiden?

Es liegt ganz bei Dir.

Iyánéé, Jahre ist es her

Büffel

Botschaft der Fledermaus

He Du da,

ich bin jetzt da.

Aufgewacht, jetzt.

ich bin jetzt da.

Was ich hier soll?

Ja begreifst Du es nicht?

Denk doch mal nach, ich bin jetzt da.

Mitten aus dem Traum will ich Dich holen.

Ja ich hab es vollbracht.

Ich bin jetzt da und Du bist jetzt wach.

Ich seh schon, Du hast es verstanden.

Du bist jetzt da und hellwach.

Willkommen im Jetzt und in diesem Leben.

Iyánéé, lange ist es her

Fledermaus

Botschaft der Schlange

Schau mir in die Augen...

Es sind Deine Augen...

Du möchtest eine Veränderung:

Häute Dich.

Du möchtest wachsen:

Häute Dich.

Du möchtest stärker werden:

Häute Dich.

Ok, danach bist Du schutzlos.

Für einen Moment in der Zeit.

Zieh Dich zurück, die neue Haut braucht Zeit.

Danach bist Du gewachsen, hast Dich verändert.

Jetzt bist Du nicht mehr schutzlos,

in diesem Kreis.

Vertraue auf den Wachstumskreislauf.

Iyánéé, vor vielen Kreisen

Solange

Botschaft des Bläuling

Weha Kahia ia

Weha Kahia ia

Weha Kahia ia

Hia ia kahia ia

He aufgepasst Du seltene Schönheit

Wer es einmal mitsingen möchte.....

Ich singe es sehr gerne.

Ein Geschenk der Schmetterlinge an Iyánéé im

Frühjahr 2008

nach einer Reflektion über Schuld und Vergebung

Walk in Beauty and Light

Von der Leichtigkeit des Seins

Iyánéé, vor vielen Jahren

Bläuling

Botschaft der Blauen Federlibelle

Schau mir tief in die Augen...

Dies sind Deine Augen.

Du siehst ich bin gelb...

aber ich bin blau...

Du siehst ich seh aus als könnte ich nicht

fliegen...

aber ich kann es sehr gut...

Ich schau aus als könnte ich keinem Wesen etwas

tun...

aber ich bin ein perfekter Jäger...

Ich bin ein Botschafter der vier Elemente...

Geboren auf dem Boden...

aufgewachsen im Wasser...

tanzend in der Luft...

und kehre ins Feuer zurück...

aus dem ich geboren bin...

Ich lebe den kompletten Kreis...

Du auch?

Nichts ist wie es scheint.

Iyánéé, November 2008

20

Blaue
Federlibelle

Botschaft des Falken

Schau mir tief in die Augen...

Dies sind Deine Augen.

Dies sind die Augen Deiner Vorfahren.

Die Alten sind vor Dir ihren Weg gegangen.

Sie gingen den besten Weg,

den sie gehen konnten.

Sie lebten für Ihre Kinder.

Sie lebten für Dich und für mich.

Ohne sie wären wir beide nicht hier.

Aber die Zeit zu leben ist genau jetzt.

In diesem Moment.

Und der nächste Moment ist unsere Zukunft.

Für unsere Kinder zu leben.

Nicht nur für meine Kinder, sondern für alle Kinder.

Alle Kinder von Mutter Erde.

Die nächsten 7 Generationen.

Lass uns gehen.

Lass uns den kompletten Kreis gehen.

Keep going

Iyánéé, Oktober 2008

Falke

Botschaft der Gartenkreuzspinne

Schau mir tief in die Augen...

Dies sind Deine Augen.

Wo sind meine Augen?

Schau auf das Kreuz...

Schau auf die Kreuzung...

Ich weiß wo meine Mitte ist...

Ich weiß wo die Mitte meines Netzwerkes ist...

Ich bin in der Mitte

Ich bin die Mitte

Ich bin die Mitte meiner Welt

Ich bin Du

Wir sind Eins

Oder nicht?!

Iyánéé, Oktober 2008

24

Gartenkranzspinne

Botschaft des Geparden

Schau mir tief in die Augen... Dies sind Deine Augen.

Schau, wie ruhig ich bin....   kein Platz für Ungeduld.

Schau, wie ich mich ausruhe...

keine Notwendigkeit zur Eile.

Ich bin aufmerksam...

jeden einzelnen Augenblick.

Wenn ich anfange mich zu bewegen...

bewege ich mich achtsam, jeden einzelnen Schritt.

Ich bereite meine Entscheidung vor...

ich bereite mich vor zu jagen.

Und wenn die Entscheidung zu jagen gefallen ist...

renne ich so schnell wie der Blitz.

Es muss der richtige Moment sein...

Ich werf nicht einfach meine Energie weg.

Dann wird es sich zeigen, ob die Jagd erfolgreich ist...

oder ob ich eine weitere Lektion gelernt habe.

Ich komme zur Ruhe zurück...

sehr bewußt.

Um zu sehen was passiert ist...

und was passieren wird.

Iyánéé, August 2008

Gepard

Botschaft der Kobra

Schau mir tief in die Augen ... Dies sind
Deine Augen.
Jeder Schritt, den Du machst,
soll ein bewusster Schritt sein...
Jeder Schritt, den Du machst,
wird von Dir selbst gesehen.
Wenn Du Dich mir aufdrängst ...
werde ich mich zurückziehen.
Wenn Du mich bedrängst ...
werde ich Dich warnen.
Wenn Du mich angreifst ...
werde ich Dich verletzen.
Wenn Du mich fragst ...
werde ich Dir antworten.
Vergiß niemals ...
ich bin Dein reinster Spiegel.
Ich bin Du selbst
in jeder Reflektion.

Iyánéé, August 2008

Kobra

Botschaft der Kröte

Schau mir tief in die Augen...

Dies sind Deine Augen.

Ich lebe im Land des Morasts...

Um mich zu sehen, musst Du tiefer schauen

als meine Haut...

Siehst Du den goldenen Regenbogen in

meinen Augen...

Wenn Du meine Oberfläche betrachtest,

siehst Du meinen Morast...

Wenn Du in mich hinein schaust, siehst Du meine

innere Stärke...

Du siehst meine Fruchtbarkeit...

Du siehst den Eingang zur Heilung...

Schau tiefer...

Wo am meisten Morast ist...

Ist das größte Potential zu Wachstum...

Gehe auf die goldene Regenbogenbrücke...

Keep going

Iyánéé, November 2008

30

Kröte

Botschaft der Spinne

Die Fäden die Du gewebt hast.

Die Fäden, die Du weben wirst.

Webe in Schönheit und Stärke.

So daß es Dich halten kann.

So daß Du dich gut fühlst in Deinem Netz.

So daß Dich Deine Träume wieder aufladen
können.

Webe in Schönheit und Licht.

Jetzt.

Es ist nur für Dich selbst.

Keep going

Iyánéé, Oktober 2008

Spinne

Botschaft des Strahlenden Quetzal

Schau mir tief in die Augen...

Dies sind Deine Augen.

Ich lebe im Land der Bäume...

Ich lebe am Berg des dampfenden

Wassers...

Ich liebe den frischen Atem der Bäume...

Ich liebe die Energie von sauberem reinen

Wasser...

Es erhält mich strahlend...

Es ist meine Quelle des Lebens...

und Deine...

Wir sind eins

Iyánéé, November 2008

Strickland
Quetzal

Botschaft der Wildkatze

Schau mir tief in die Augen...

Dies sind Deine Augen.

Ich liebe es frei zu sein.

schnurren, wann auch immer ich will...

schmusen, wann auch immer ich will...

spielen, wann auch immer ich will...

jagen, wann auch immer Hunger hab...

ausruhen, wann auch immer ich es brauche...

schlafen, so lange ich will...

träumen, was auch immer ich will...

sind wir nicht gleich...

schau auf meine Brüder und Schwestern, die

Hauskatzen...

tausende von Jahren wurde versucht sie zu

verbiegen...

aber es ist immer noch in ihnen...

wir sind gleich, wenn Du möchtest...

Es ist Deine freie Entscheidung.

Keep going

Iyánéé, Oktober 2008

Wildkatze

Botschaft der afrikanischen Graseule

Schau mir tief in die Augen...

Dies sind Deine Augen.

Ich sehe Dich

Ich höre Dich

Möchtest Du wissen, was ich sehe?

Möchtest Du wissen, was ich höre?

Schließe Deine Augen für einen Moment.

Schließe Deine Ohren für einen Moment.

und mach Dein Herz weit auf.

Hier bin ich.

Hier bist Du.

Wir sind Eins.

In Lakesh

Iyánéé, Oktober 2009

Afrikanische Grasanle

Botschaft der Blaumeise

Schau mir tief in die Augen...

Dies sind Deine Augen.

Hallo, Du da...

Nicht Du...

Du, das Kind in Dir drinnen...

Ich liebe Dich...

Bitte spiel mit mir...

Was könnten wir spielen...

Laß uns ein lustiges Spiel spielen...

laß uns spielen und lachen...

über wen lachen...

über uns selbst.

Iyánéé, März 2009

Blaumeise

Botschaft des Elefanten

Schau mir tief in mein Auge...

Dies ist Dein Auge.

Siehst Du den schwarzen Kreis in der

Mitte...

und die Sonne rundherum?

Es ist die Blüte meines Herzens...

Deines Herzens.

Alles ist innen drinnen...

aus allen Zeiten...

schau tief...

und lausche intensiv...

und Du wirst Dich erinnern...

Liebe ist da drinnen.

Walk in Beauty and Light

Iyánéé, April 2009

Elefant

Botschaft der Europäischen Gottesanbeterin

Schau mir tief in die Augen...

Dies sind Deine Augen.

Ich bete meine Gebete.

Ich bin meine Gebete.

Ich spiegele meine Gebete.

Ich lebe meine Gebete.

Jeder Schritt auf Mutter Erde mag ein Gebet

sein.

Zusammen können wir es schaffen.

Wir sind niemals allein, niemals.

Aho

Iyánéé, Januar 2009

Gottesanbeterin

Botschaft des Fuchs

Schau mir tief in die Augen...

Dies sind Deine Augen.

Ist es die richtige Zeit mir in die Augen zu

schauen.

Vielleicht Ja.

Vielleicht Nein.

Du entscheidest.

Berühre meine Nase.

Schließe Deine Augen...

und höre gut zu...

Ich höre Deinen Atem

Ich fühle Deinen Herzschlag

Ich sehe Dich.

immer weitergehen

Iyánéé, April 2009

Fuchs

Botschaft des Grünen Leguans

Hallo mein Freund,

erinnerst Du Dich an mich?

Es gab eine Zeit da kannten wir uns gut,

haben uns viel unterhalten

und viel ausgetauscht.

Lange ist es her.

viele Momente…

Jetzt ist sie wieder da …

die Zeit

der Moment

Jetzt

Erlaube mir in Deine Augen zu schauen

und Du wirst Dich erinnern.

Iyánéé, November 2009

Grüner Leguan

50

Botschaft der maurischen Landschildkröte

Schau mir tief in das Auge... Dies ist Dein
Auge.
Jeden einzelnen Schritt muss ich vorsichtig
tun.
Jeder einzelne Schritt kann mich verletzen,
manchmal sogar zerstören.
Nicht Mutter Erde bedroht mich.
Auch vor anderen Tieren habe ich keine Angst.
Selbst giftige Pflanzen fürchte ich nicht.
Ich kenn sie alle schon sehr, sehr lange.
Liebste 2beinige Schwester und Bruder,
warum wirfst Du mit so viel Müll um Dich herum?
Physikalischer Müll und energetischer Müll.
Sei aufmerksam, denn jeder einzelne Schritt von Dir
nimmt Einfluss auf jeden einzelnen Schritt von mir.
Gehe in Schönheit und Liebe jeden einzelnen Schritt.

Iyánéé, Oktober 2009

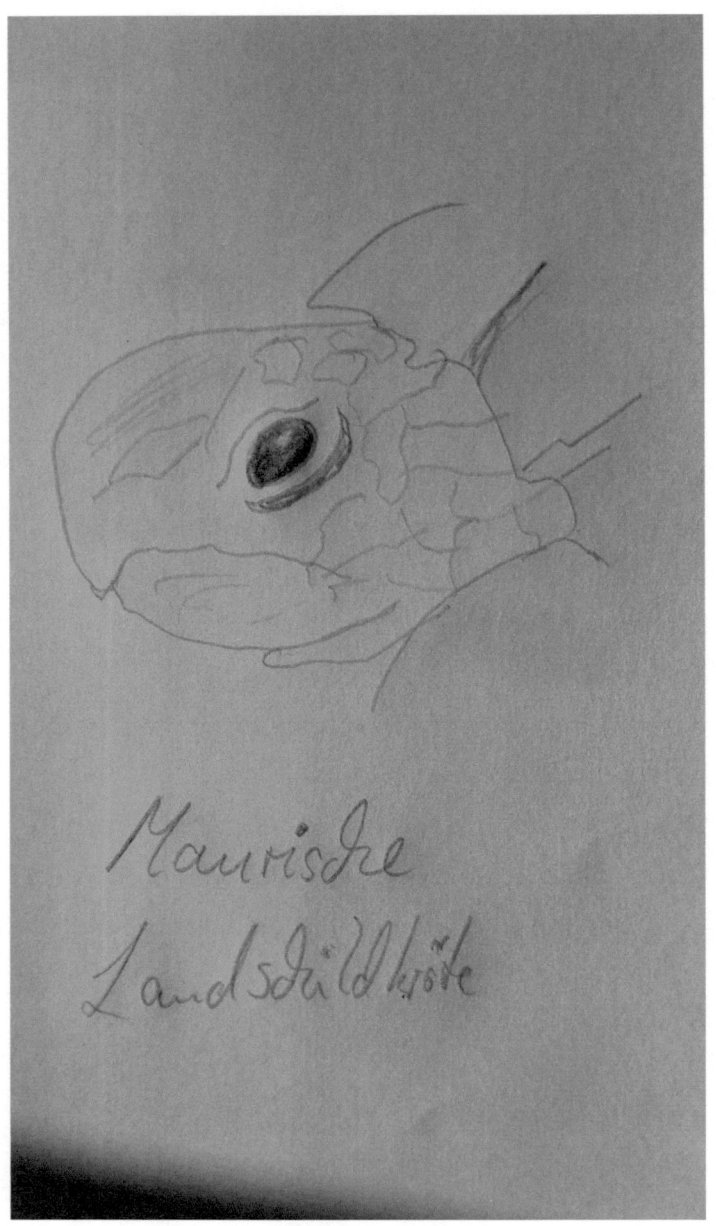

Maurische
Landschildkröte

Botschaft des östlichen grauen Riesenkänguru

Schau mir tief in die Augen...

Dies sind Deine Augen.

Was hab ich in meinem Beutel?

Das, was mir wichtig ist.

Nicht mehr und nicht weniger!

Ich liebe es weit zu reisen.

Ich liebe es recht flott unterwegs zu sein,

von Platz zu Platz hüpfend....

weiß ich wann es Zeit ist für eine Pause.

Iyánéé, Oktober 2009

Franes
Riesenkänguru

54

Botschaft des Schneeleoparden

Ich bin ein wandelnder Berg,

Geist der Uralten.

Ich bin ein stiller Wanderer,

werde nie müde.

Geduld ist mein Vorname.

Ich finde immer was ich brauche,

es ist einfach dann da.

Vertrauen ist mein Nachname.

Schneeleopard Geist der Berge dies ist meine

Botschaft

Iyánéé, März 2009

Snowleopard

Botschaft des
Schwan

Schau mir tief in die Augen...

Dies sind Deine Augen.

Konzentrierst Du Dich auf Schwarz?

Konzentrierst Du Dich auf Weiß?

Kannst Schwarz ohne das Weiß sehen?

Kannst Weiß ohne das Schwarz sehen?

Erzähl mir nicht Schwarz ist böse.

Erzähl mir nicht Weiß ist gut.

Schließe Deine Augen und Du wirst sehen können.

Alles ist da, Schwarz und Weiß.

Öffne Deine Augen und Du siehst nichts,

außer Schwarz und Weiß

Walk in Beauty and Light

Iyánéé, April 2009

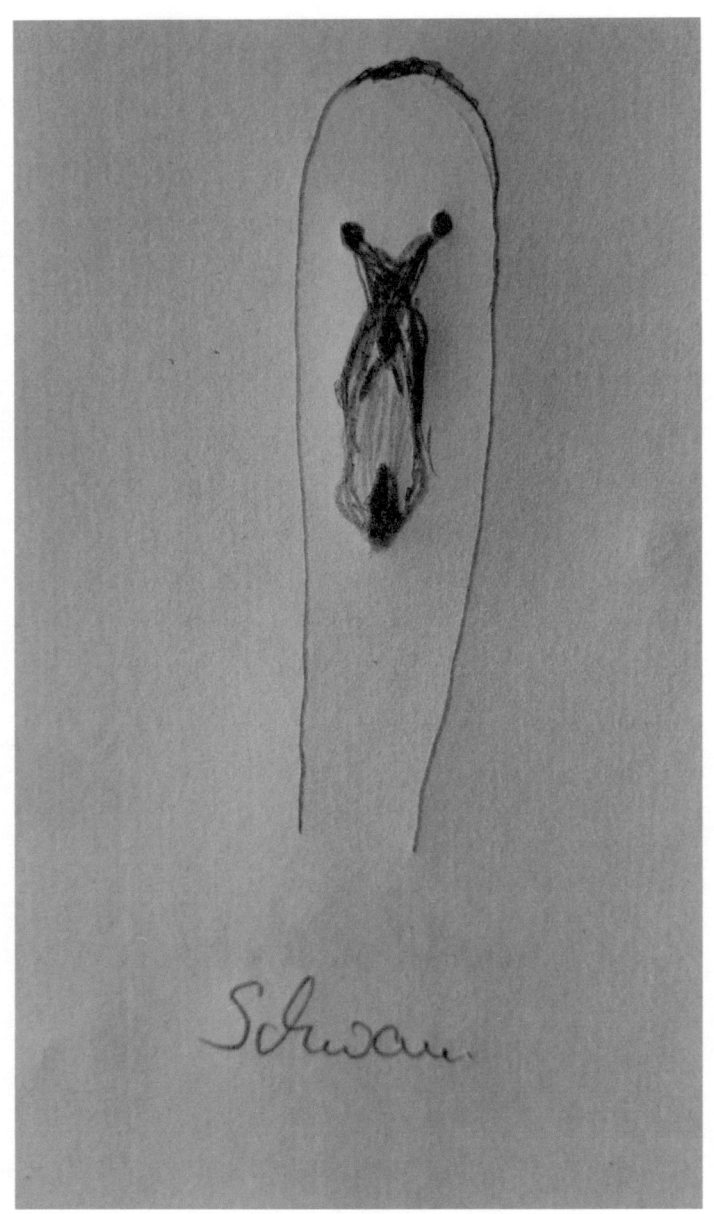

Schwan.

Botschaft der
Stockente

Schau mir tief in die Augen...

Dies sind Deine Augen.

Ich fliege in Freiheit...

zu Dir mein Freund...

nur mir selbst verpflichtet...

fliege ich zu Dir...

offenen Herzens...

nichts erwartend...

Heißt Du mich willkommen?

Walk in Beauty and Light

Iyánéé, April 2009

Stockente

Botschaft des
Sumatra Tigers

Schau mir tief in die Augen… Dies sind
Deine Augen.
Als ich geboren wurde, wurde ich mit einer
Aufgabe geboren.
So wie Du auch!
Als ich aufwuchs, entwickelte ich mich für
meine Aufgabe.
So wie Du auch!
Jetzt bin ich erwachsen,
Meine Aufgabe ist es mein Leben zu leben,
es für meine Kinder zu leben.
Aber ich bin gefangen, gefangen in einem Zoo.
Wie kann ich meine Aufgabe in einem Zoo ausleben?
Sind wir nicht in der gleichen Lage!?
Laß uns wieder frei leben.
Hoka Hey

Iyánéé, Oktober 2009

Sumatra
Tiger

Botschaft des
Wolf

Schau uns tief in die Augen...

Dies sind Deine Augen.

Wir leben zusammen in einer Welt.

Jeder von uns für sich selbst.

Jeder von uns in seiner eigenen Art und

Weise.

Jeder von uns in seiner eigenen Rolle.

Jeder von uns mit seiner eigenen Aufgabe.

Zusammen stehen wir da,

Seite an Seite,

niemals allein.

Immer weitergehen

Iyánéé, März 2009

Wolf

Katzenfeuer

das sternenlicht in meinen augen ist

nur ein spiegel des sternenlichts in deinen augen

das sternenlicht in deinen augen ist

nur ein spiegel des sternenlichts in meinen augen

Iyánéé, August 2010

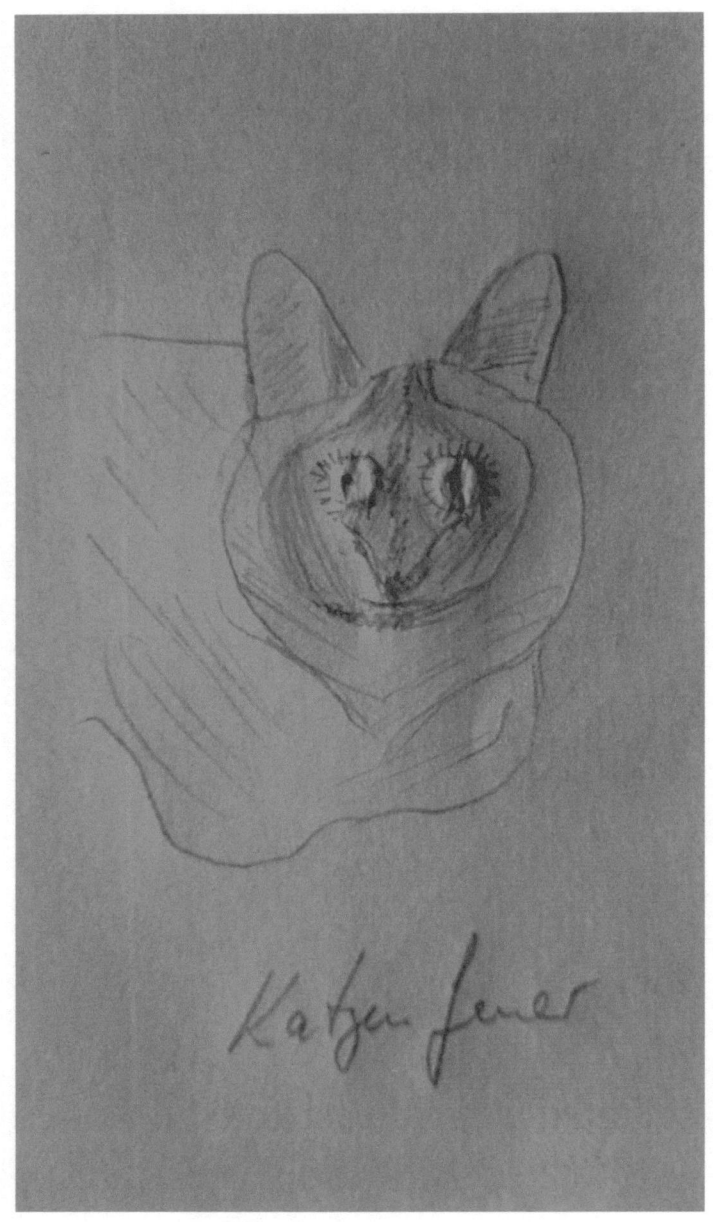

Katzenfeuer

Botschaft der
Krake

Ja was machst Du denn hier?

Hast Du Dich verlaufen?

In der Tiefe Deiner Seele?

Oder in der Tiefe Deines Herzens?

Oder in der Tiefe Deines Geistes?

Bist Du Dir sicher, daß Du Dich nicht in der Tiefe

Deines Gehirnes

verlaufen hast?

Reich mir Deine Hände,

Ich helfe Dir da heraus.

Ich habe genug Arme und bin schon so lange hier.

Mit der Tiefe kenn ich mich aus.

Du kannst mir vertrauen.

Ich kann Dich gut sehen.

Iyánéé, 2010

Krake

Botschaft des
Steinadlers

Ja, Du hast mich wahr genommen.

Ich weiß, Du konntest mich spüren.

Seit Tagen schon.

Jetzt mag ich mich zeigen.

Ich kann DIch gut sehen.

Steig zu mir auf,

und schau auf das drauf, was Dich so sehr beschäftigt.

Schau hinunter ins alltägliche Wirr.

Schau hinauf in die Sterne in Dir.

Jetzt kannst Du es sehen, das Wirrwarr.

Laß es gehen, dann flieg ich mit Dir.

Iyánéé, Alpjen, Schweiz

Steinadler

70

Botschaft des
Weissflecken-Kugelfisches

Schau mir tief in die Augen... Dies sind Deine Augen.

Der Ozean, der Spiegel der Seelenwelt in dieser Welt.

Ich lebe hier, genau am Grenzlauf der Seelenwelt zu Deiner Welt. Du lebst dort in Deiner Welt am Grenzlauf zur Seelenwelt.

Ich schau Dich an, Du schaust mich an.

Was siehst Du? Siehst Du mich?

Ich sehe Dich, Du siehst anders aus.

Aber nein, ich schau mal genauer hin...

Du hast zwei Augen. ich habe zwei Augen.

Du schaust erstaunt, ich glaube ich auch.

Du siehst gut aus, ich mag Dich.

Vielleicht sind wir doch nicht so verschieden wie es scheint.

Ich habe einen Plan: Wir trinken das gleiche Wasser.

Lasse uns dafür sorgen, daß es sauber genug für uns beide bleibt.

Ich bin ein kleiner Fisch und Du ein einzelner Mensch.

Packen wir es an.

Iyánéé, August 2010

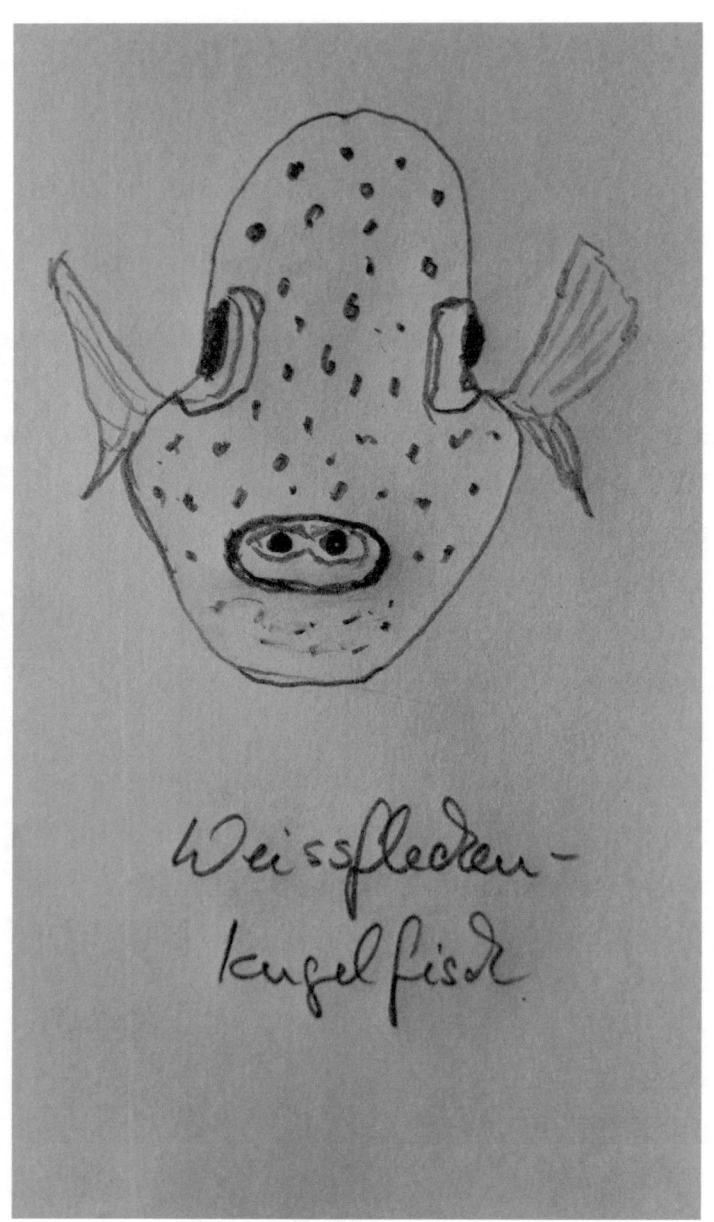

Weissflecken-
kugelfisch.

Botschaft des Bergzebra

Wir zwei beide:

Du, der mich anschaut.

Ich, der Dich anschaut.

Sehen wir nicht alles voneinander?

So wie wir es wollen.

Alles weiß.

Alles schwarz.

Oder doch alles grau.

Liebst Du weiß?

Liebst Du schwarz?

Alles oder Nichts.

Oder doch Beides?

Iyánéé, 2011

Bergzebra

Botschaft des Großen Ameisenbär

Heh Du da

willst einen Spaziergang mit mir machen?

oder sogar einen kleinen Lauf?

Du musst wissen, das mein Fundament der

Boden ist.

ich werde nicht hoch springen

ich werde nicht viel klettern

ich werde nicht viel in der Erde graben

ich werde nicht zu großen Treffen gehen

also, wenn Du lernen willst Dich zu erden

das ist schön

wenn Du lernen willst zum Selbstschutz aufzustehen

das ist auch schön

also wenn Du lernen willst

zieh Dich in Deine Erdhöhle zurück

jetzt können wir das Lernen anfangen

denn jetzt sind wir verbunden

Iyánéé, Januar 2011

Ameisen Bär

Botschaft des Kormoran

ich bin wieder verbunden

Schau mir tief in die Augen...

Dies sind Deine Augen.

Still hör ich zu

Ich beobachte vieles

In meiner Heimat erzähle ich Geschichten

Weit weg höre ich mir Geschichten an

Deshalb bin ich ein Geschichtenerzähler

Ich reise ins Land der verlorenen Seelen

Ich reise ins Land der lebenden Seelen

und trage die Geschichten von da nach dort.

Erzähl mir deine Geschichte,

und ich teile eine Geschichte mit dir

So wird der Kreis geschlossen

und die Verlorenen können nach Hause finden.

Iyánéé, Mai 2011

Kormoran

Botschaft des Kojoten

Ha, ha, ha.

Schlaues Kerlchen.

Windige Verstrickungen.

Drama spielen.

Spaß macht es uns beiden.

Immer wieder.

Vielleicht sollten wir es lassen.

Mit unseren Masken zu spielen, das ist unsere große Stärke.

Mit unseren Masken zu spielen, das ist unsere große Schwäche.

Hinter die Kulissen sollten wir schauen,

sonst verhäddern wir uns in unserem Spiel.

Ha ha ha.

Iyánéé, irgendwann einmal

Kojote

Botschaft des Luchs

Schau mir in die Augen,

es sind Deine Augen.

Ich bin hier und jetzt.

Mit jedem Schritt gehe ich in die Ruhe,

mit jedem Schritt öffne ich meine Tore,

mit jedem Schritt öffne ich all meine Sinne.

Dieser kurze Moment ist mein Sein,

in seiner ganzen Länge.

Jede Bewegung bin ich

Jede Ruhe bin ich

Hüter meiner Tore

Hüter meines Seins

Genieße ich jeden einzelnen Augenblick

Du und ich

wir sind eins.

Wir erlauben es uns.

Iyánéé, 4. August 2011

Botschaft des Wal

Riesige Erinnerungen

an längst vergangene Zeiten

Wunderbare Erwartungen

an künftige Zeiten

Präsenz im Jetzt

Meine Wahl ist gefallen.

Was ist Deine Wahl?

Iyánéé, zeitlos

Wal

84

Iyánéé

Webseite

https://matthiaskamp.de

Instagram

@matthiaswkamp

Podcast

Power Decisions - Rock Your Life

https://anchor.fm/matthias-iyn-w-kamp

Email

info@matthiaskamp.de

Ich über mich

Örtliche Herkunft. Ich bin ein Kind aus einem kleinen Dorf im Untertaunus. Aufgewachsen bin ich in der Nähe von Mainz in Rheinhessen. Die Schulzeit habe ich in Mainz und Seattle verbracht. Inzwischen wohne ich in Hördt in der Rheinpfalz.

Familiäre Herkunft. Meine Mutter und ihre Familie kommen aus dem Untertaunus, mein Vater und seine Familie aus dem Mainzer Raum. Meine Ahnen kommen aus aller Welt. Diese Erkenntnis verdanke ich unter anderem verschiedenen Verwandten, deren Hingabe es ist, Ahnenforschung zu betreiben.

Eigene Familie. Seit 1984 bin ich mit meiner Frau Ulrike, Devinder Kaur, verheiratet. Unsere beiden inzwischen erwachsenen Söhne Adrian und Leopold sind eine große Bereicherung für unser Leben und unsere Beziehung. Seit 8 Jahren gehört noch unser Hund Skalli zur Familie.

Beruf. Mein Weg führte mich vom Feldjäger zum Informatiker. Softwareentwickler, Datenbank-Spezialisten und WebArchitekt. Es gab kaum eine Spezialität der Informatik der damaligen Zeit, mit der ich mich nicht beschäftigt habe. Voice over Ip sagt heute kaum noch jemandem etwas, man nennt es heute "ich telefoniere mal über das Internet". In der Welt der großen SQL Server und in internationalen Firmen war ich zu Hause. Bis das Leben mit zeigte, dass es noch andere Sichtweisen außer "true and false" oder wahr und falsch gibt. Mit 40 kam für mich das große Umdenken. Heute weiß ich, dass 40 nicht unbedingt eine zufällige Altersklasse dafür ist. Fortan nahm ich mir die Zeit, die ich selbst für meine persönliche Entwicklung benötige. Mein Beruf wandelte sich zum Projektkoordinator bei einem mittelgroßen Familienbetrieb. Jahrelange Arbeit als Betriebsrat und Betriebsratsvorsitzender kamen hinzu. Mittlerweile gehe ich meiner Berufung komplett nach.

Berufung. Mit dem "großen Umdenken" mit 40 stellten sich Menschen aus verschiedensten Kulturen in meinem Leben ein. Oft werden diese Menschen Schamane, Medizinmann, Medizinfrau oder ähnlich genannt. Durch sie traten ganz neue Sichtweisen in meinen Wahrnehmungsbereich.

Und ich stellte fest, daß sie bereits sehr lange schon da waren, aber von mir nicht gesehen wurden. Ich wurde erinnert an meine Kindheit, meine Jugendzeit, in der ich mich bereits sehr intensiv mit diesen Dingen beschäftigt habe. Bewußt und unbewußt, aber letztendlich war es für viele Jahre "versackt". Mitte 2013 kamen Beruf und Berufung in Einklang.

Identity Mentor, Schamane & Informatiker. Das eigene Leben selbst designen, den eigenen Gedankenpool beherrschen und den eigenen Denk-o-mat steuern, das ist es was mich am meisten begeistert.

Träume. Ich lernte, dass ich ein Träumer bin und schon immer war. In meiner Kindheit hatte ich bereits über viele Alpträume gelernt mit meinen Träumen zu arbeiten. All diese Erfahrung kamen wieder zum Vorschein. Heute kann ich beides verbinden: die Kraft der Träume und die Kraft des Lebens.

Zukunft. Die Zukunft ist Jetzt. Das was ich jetzt träume und denke das wird meine Zukunft mitgestalten.

Erfahrung. Wenn Du möchtest, teile ich gerne meine Erfahrung mit Dir. Und wenn Du möchtest, dann teile Deine Erfahrung mit mir.

Erleben. Nur was ich selbst erlebt habe, das kann in meinen Erfahrungsschatz wandern. Und nur das kann ich wirklich authentisch weitergeben. Alles andere ist nur Nach Erzähltes.

Aufgabe. Lebensfreude in jedem Moment meines Seins zu spüren und auszustrahlen.

Iyánéé, Hördt im Dezember 2020

...

Augen

auch

Iyánéé